¡Adelante juntos!

VOLUMEN 2

SCHOLASTIC

Solares™
A LITERACY PROGRAM IN SPANISH

Copyright acknowledgments and credits appear on page 152, which constitutes an extension of this copyright page.

Copyright © 1997 by Scholastic Inc.   All rights reserved.   Printed in the U.S.A.
                                             ISBN 0-590-90798-0
          2 3 4 5 6 7 8 9 10   23   02 01 00 99 98 97 96

Ven y conoce a los mentores de
¡Adelante juntos!
Describre su lugar de trabajo:

el estudio de un pintor

el despacho de un alcalde

un acuario

3

¡Imagínate!

Con la imaginación podemos ver las cosas de muchas maneras

◀ **Super libro**

Libros de bolsillo ▶

Exploramos juntos

La información nos llega de todas partes

◄ **Super libro**

Libros de bosillo ▶

Gentes y pueblos

Todos somos miembros de una comunidad

◀ **Super libro**

Libros de bolsillo ▶

¡Imagínate!

Con la imaginación podemos ver las cosas de muchas maneras

Sube a un desván imaginario. Lee el poema que te lleva hasta la Luna.

Comparte con la clase la obra de las tres cabritas y averigua cómo usaron la imaginación para engañar a Terrible.

Aprende sobre las estrellas que brillan en el cielo. Escucha lo que dice una niña que sube en la "estrella".

Conoce al mentor que cuenta cuentos en murales con la ayuda de los niños. Maravíllate cuando veas una flor de papel convertirse en papalote.

Yo tenía un millón de juguetes y me aburría.

Subí al desván.

Y entré.

El desván estaba vacío. ¿O no?

Descubrí una familia de ratones

y una colonia de escarabajos, y un lugar fresco

y tranquilo para descansar y pensar.

Conocí a una araña y tejimos una telaraña.

Abrí una ventana que abría otras ventanas.

Descubrí un viejo motor y lo hice funcionar.

Salí a buscar con quien compartir

lo que había encontrado,

y encontré un amigo.

Mi amigo y yo descubrimos un juego que podía durar

para siempre porque cambiaba todo el tiempo.

Bajé del desván y le conté a mi mamá
dónde había estado metido todo el día.
—Pero nosotros no tenemos desván —me dijo.

Bueno, ella no puede saberlo, ¿o sí?
Ella no ha encontrado la escalera.

CANCIÓN P'AL PRIMER ASTRONAUTA CHILENO

por Floridor Pérez

TEXTO

Poema

Para este viaje
que quiero hacer,
no sirve el barco
no sirve el tren.
No sirve el agua
no sirve el riel,
para este viaje que quiero hacer.
¿Tal vez un ave
de blancas alas
llegará?
¿O bien la escala
musical?

Do
  Re
    Mi
      Fa
        Sol
          La Luna,

soñar
¡que en una canción
se sale a volar!

33

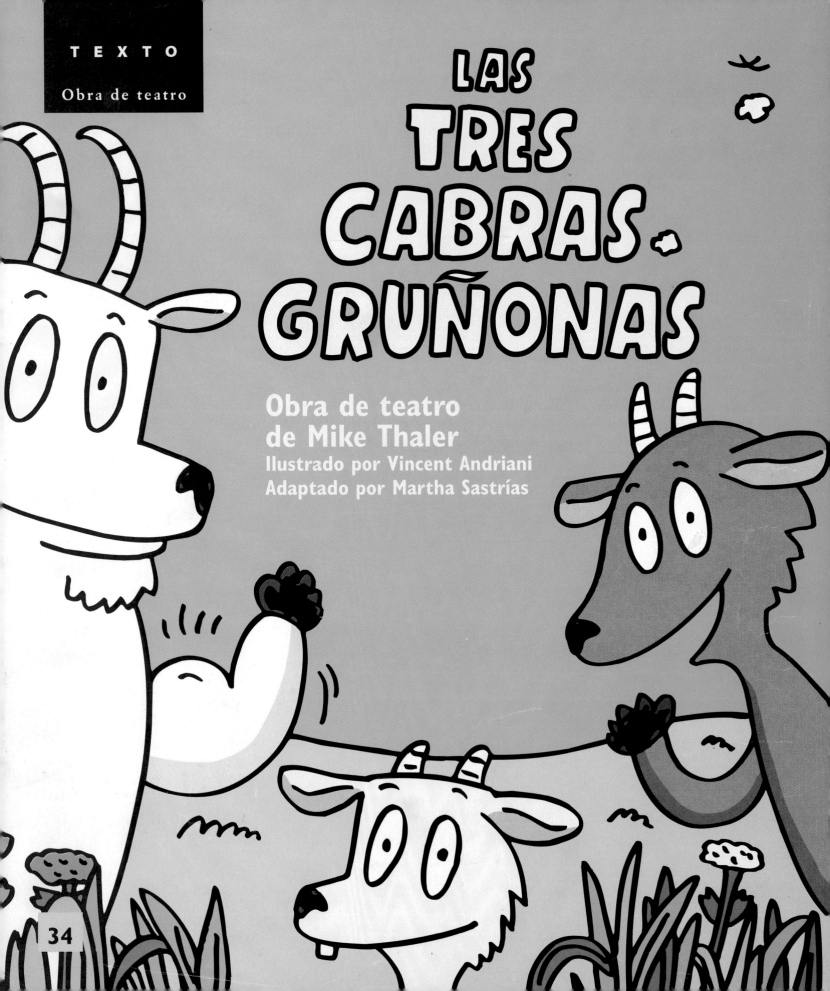

LAS TRES CABRAS GRUÑONAS

**Obra de teatro
de Mike Thaler**
Ilustrado por Vincent Andriani
Adaptado por Martha Sastrías

34

PERSONAJES

Narrador
La persona que cuenta la historia.

Gruñona Pequeña
La cabra pequeña que habla con voz suave.

Gruñona Mediana
La cabra mediana que habla con voz normal.

Gruñona Grande
La cabra más grande que habla con voz fuerte.

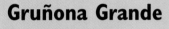

Terrible
El malo que habla con voz descortés.

Efectos de sonido
Una persona hace todos los ruidos.

gris gras

35

Narrador: Había una vez tres cabras Gruñonas. Gruñona Pequeña...

Gruñona Pequeña: ¡Hola!

Narrador: Gruñona Mediana...

Gruñona Mediana: ¡Hola, hola!

Narrador: Y Gruñona Grande...

Gruñona Grande: ¡HOLA, HOLA, HOLA!

Narrador: Un día, las tres decidieron ir a la montaña a pastar de todo lo que allí crecía.

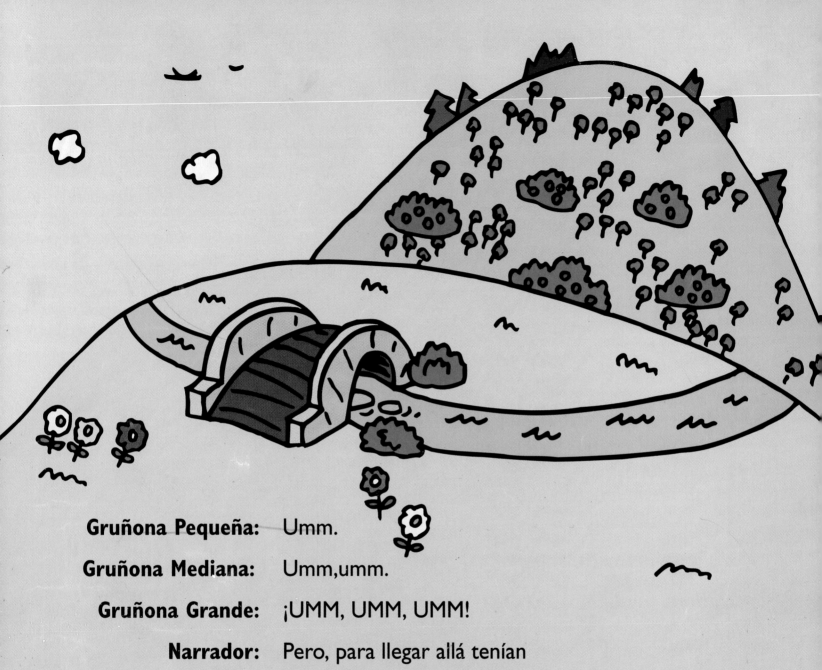

Gruñona Pequeña:	Umm.
Gruñona Mediana:	Umm, umm.
Gruñona Grande:	¡UMM, UMM, UMM!
Narrador:	Pero, para llegar allá tenían que cruzar el puente.
Gruñona Pequeña:	No hay problema.
Gruñona Mediana:	No hay problema.
Gruñona Grande:	¡NO HAY PROBLEMA!
Narrador:	Pero debajo del puente vivía Terrible.

PLOM

PLAM

PLIM

Gruñona Pequeña: ¡Ay!

Gruñona Mediana: ¡Ay, ay!

Gruñona Grande: ¡NO HAY PROBLEMA!

Narrador: Nadie podía cruzar el puente sin pasar por la caseta de Terrible.

Terrible: No cobro pesos ni centavos. No abras el bolsillo. Tan sólo te comeré como a un pepinillo.

Gruñona Pequeña: ¡Ay!

Gruñona Mediana: ¡Ay, ay!

Gruñona Grande: ¡NO HAY PROBLEMA!

Narrador: Y las tres cabritas Gruñonas se dispusieron a cruzar el puente.

¡PLIM! ¡PLAM! ¡PLOM!

Narrador: Gruñona Pequeña fue la primera en llegar y empezó a cruzar el puente.

Efectos de sonido: ¡Plim! ¡Plim! ¡Plim!

Narrador: ¡Y Terrible salió de su caseta!

Terrible: ¿Quién se atreve a cruzar por mi puente?

Gruñona Pequeña: Soy yo, Gruñona Pequeña. Voy de camino a pastar en la montaña.

Terrible: ¡Está bien, pero tendrás que pagar cuota!

Gruñona Pequeña: ¿Cuánto es la cuota?

Terrible: No cobro pesos ni centavos.
No abras el bolsillo.
Tan sólo te comeré
como a un pepinillo.

Gruñona Pequeña: ¡No me comas, por favor!
Allá viene mi hermana mayor.
Si es que quieres disfrutar,
a ella puedes almorzar.

Terrible: Está bien. Esperaré y
me la comeré.

PLOM
PLOM

Narrador:	Gruñona Mediana fue la siguiente en llegar y empezó a cruzar el puente.
Efectos de sonido:	¡Plam! ¡Plam! ¡Plam!
Terrible:	¿Quién se atreve a cruzar por mi puente?
Gruñona Mediana:	Soy yo, Gruñona Mediana. Voy de camino a pastar en la montaña.

PLAM
PLAM

Terrible: ¡Está bien, pero tendrás que pagar cuota!

Gruñona Mediana: ¿Cuánto es la cuota?

Terrible: No cobro pesos ni centavos.
No abras el bolsillo.
Tan sólo te comeré
como a un pepinillo.

Gruñona Mediana: ¡No me comas, por favor!
Allá viene mi hermana mayor.
Yo soy huesuda y flaquita.
Ella es carnosa y gordita.

Terrible: Está bien. Esperaré y me la comeré.

PLAM PLAM

Narrador:	Gruñona Grande fue la última en llegar y empezó a cruzar el puente.
Efectos de sonido:	¡PLOM, PLOM, PLOM!
Terrible:	¿Quién se atreve a cruzar por mi puente?
Gruñona Grande:	Soy yo, Gruñona Grande. Voy de camino a pastar en la montaña. ¿Qué se te ofrece?
Terrible:	Tienes que pagar cuota.
Gruñona Grande:	Ni pensarlo. ¿Qué te crees Terrible?
Terrible:	¿Cómo sabes que me llamo Terrible?
Gruñona Grande:	Escucha Terrible. Tengo músculos y mis músculos tienen músculos. Además, practico kung fu, karate y cabra jitsu.
Terrible:	Me da igual. Tienes que pagar.

Gruñona Grande: Sólo por reírme un poco,
¿cuánto es la cuota?

Terrible: No cobro pesos ni centavos.
No abras el bolsillo.
Tan sólo te comeré
como a un pepinillo.

Gruñona Grande: Cálmate, guardián del puente. Si te pones en mi camino, te ataré las piernas alrededor de la nariz y pasarás el resto de tus días oliéndote los pies.

Terrible: ¡Basta ya!
¡TE COMERÉ AHORA MISMO!

Narrador:	Y allá fue Terrible.
Efectos de sonido:	¡Pim! ¡Pam! ¡Pum!
Narrador:	Y Gruñona Grande hizo lo que dijo que haría.
Terrible:	(refunfuñando) ¡Suéltenme! ¡Puuf! ¡Qué mal me huelen los pies!

Narrador: Entonces Gruñona Grande fue feliz
a la montaña a reunirse con sus
hermanas para darse un banquete
que duró meses y meses.

Efectos de sonido: ¡Gris! ¡Gras! ¡GRAS!

Todos: Y colorín colorado,
este cuento se ha acabado.

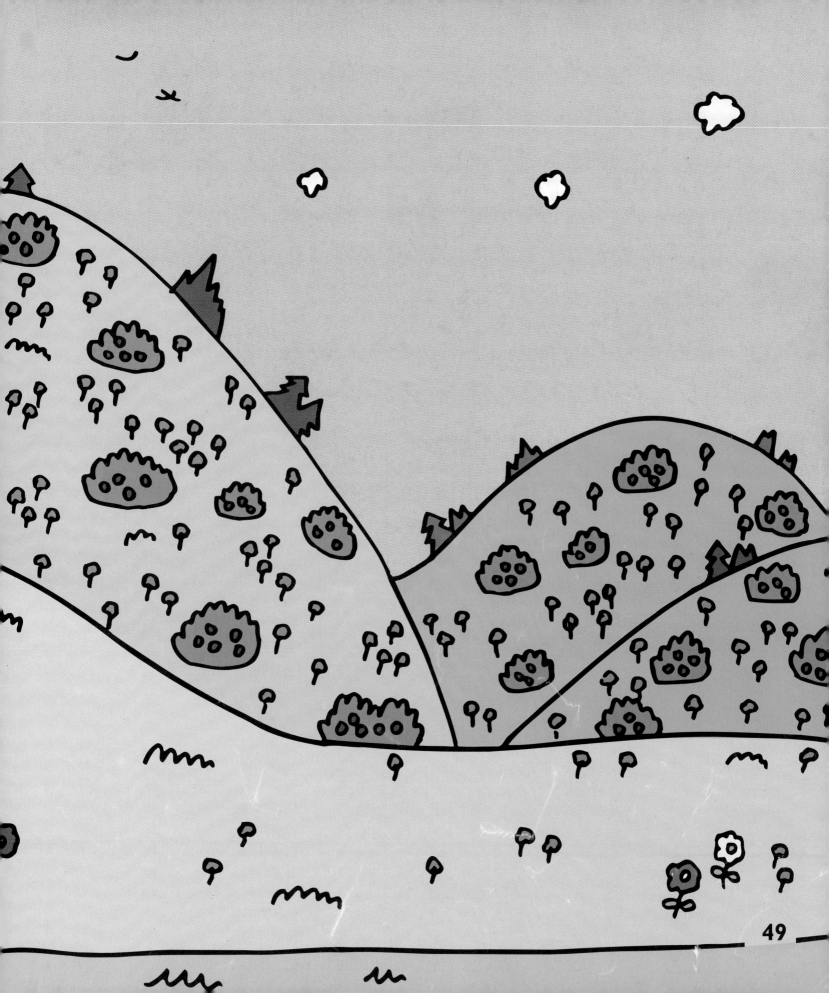

El cielo de noche

Escrito por Alice Pernick
Ilustrado por Lisa Desimini

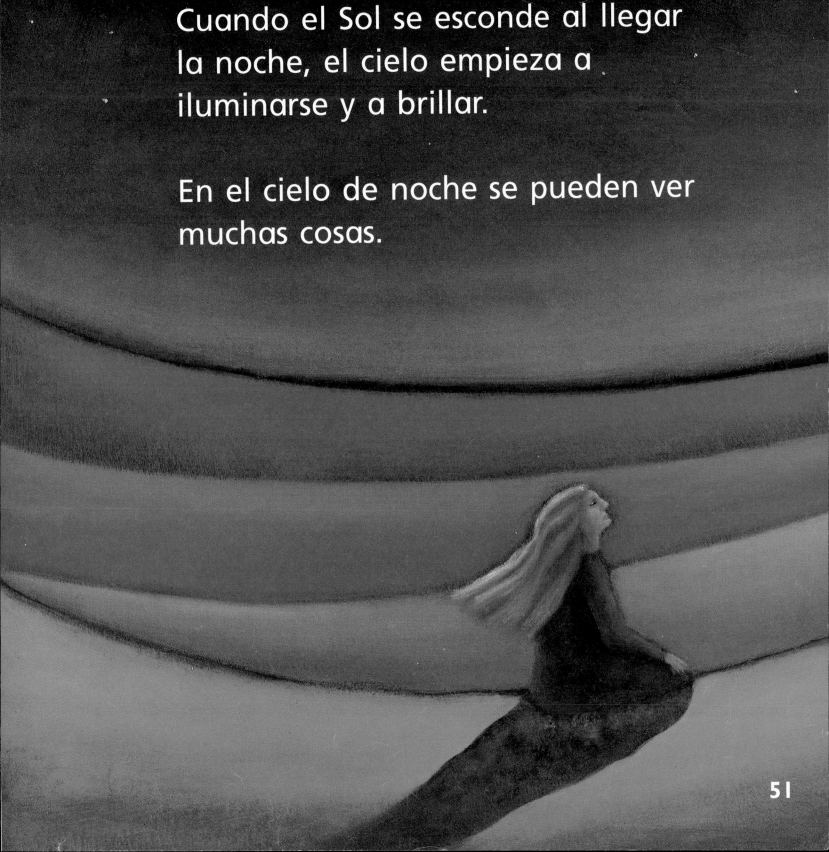

Cuando el Sol se esconde al llegar
la noche, el cielo empieza a
iluminarse y a brillar.

En el cielo de noche se pueden ver
muchas cosas.

51

La Luna tiene la luz que más
brilla en el cielo de noche.
A veces se ve entera y redonda.

Otras veces, sólo se ve una parte curva. La forma de la Luna parece cambiar durante el mes.

Hay millones de estrellas que
al brillar parecen hacer guiños.
Algunas brillan más que otras.
Unas se ven azules y otras blancas.

Hay grupos de estrellas que forman figuras en el cielo. A estos grupos de estrellas se les llama constelaciones.

Osa Menor

Osa Mayor

Algunos de los puntos de luz que
más brillan en el cielo son los
planetas. Los planetas se parecen
a las estrellas pero no brillan
haciendo guiños.

Mira el cielo un poquito antes
de que salga el Sol. Puede que
veas a Venus brillar por el este.

Venus

Los cometas cruzan el cielo como
rayos. Parecen estrellas con cola.
Los cometas no se ven a menudo.
Si alguna vez ves un cometa,
será tu noche de suerte.

Sal a observar el cielo una noche
cuando la Luna no brille.

Elije un lugar sin edificios ni árboles.

Cierra los ojos hasta que te acostumbres
a la oscuridad.

Abre los ojos y mira al cielo.
¿Qué ves?

Rueda de fortuna

Voltea, voltea
rueda de fortuna
con tus canastillas
que parecen cunas.

Súbeme muy alto,
déjame que vea
cómo luce y brilla
el lucero blanco.

Voltea, voltea
rueda de fortuna
eres tú tan grande
como no hay ninguna.

Súbeme muy alto
déjame que vea
como luce y brilla
el lucero blanco.

William Walsh

Muralista

William Walsh usa la imaginación para hacer murales. Los murales son pinturas muy grandes que cuentan historias.

● Entre todos escogen la pintura para el mural.

● Los niños se aseguran de que el mural se parezca a su bosquejo.

Todos tenemos historias que contar. William Walsh cuenta sus historias utilizando pintura, pinceles y mucha imaginación.

Mariposa de papel

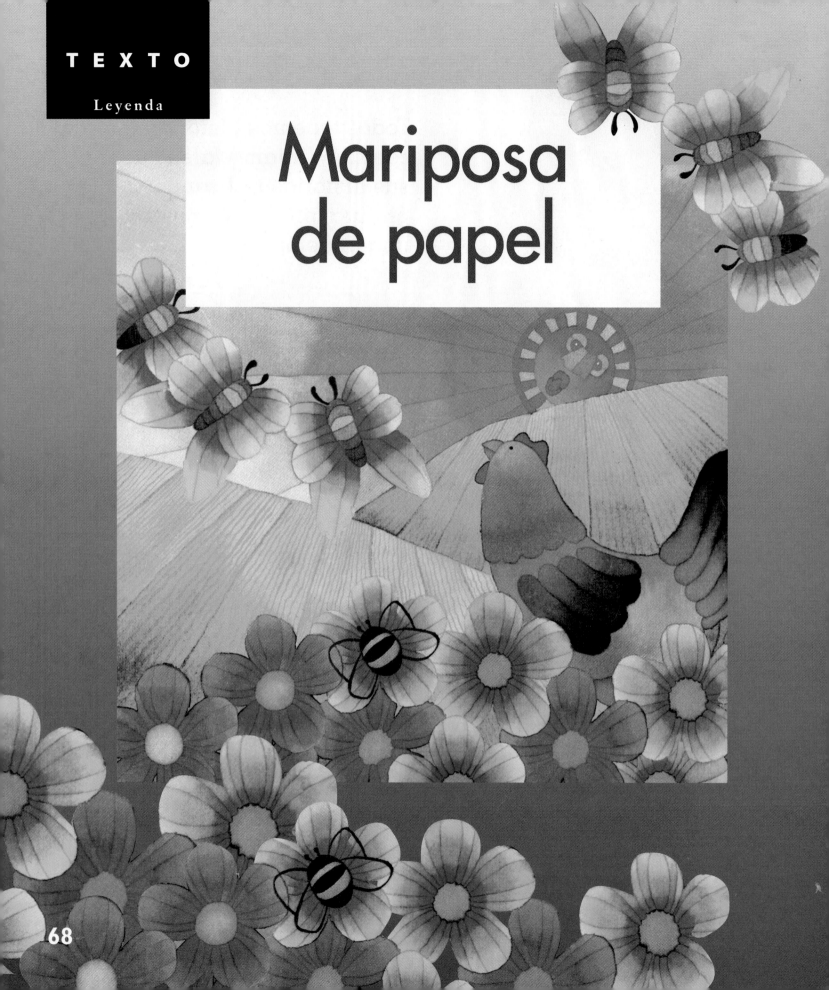

En lo más alto de un cerro, donde el viento sopla fuerte, vivía un niño llamado Oceloti.

Un día, Oceloti se despertó muy
temprano para esperar a su
papá que llegaba de viaje.

Cuando se levantó, su papá ya estaba repartiendo los regalos.

—¿A mí, qué me
trajiste? —preguntó Oceloti.
—Una hoja de papel —contestó su padre.

El niño fue corriendo a buscar sus pinceles y se puso a pintar.

Oceloti dibujó una flor de cuatro pétalos
y a cada uno le puso un color distinto.

Así, la hoja de papel se convirtió en una
flor que tenía todos los colores que
embellecen al mundo.

Cuando el niño terminó de pintar, quiso ir a la casa de su abuelo para mostrarle la flor. Pero a medio camino, un remolino de viento le quitó su hoja y se la llevó volando.

Mientras la hoja
volaba por el aire, Oceloti imaginó que
la flor era una mariposa.

Entonces pensó que si la ataba a un
hilo para que no se la llevara el viento,
podría elevarse muy alto.

Llegó a la casa de su abuelo,
le pidió un hilo, lo amarró a la hoja y
salió para hacerla volar.

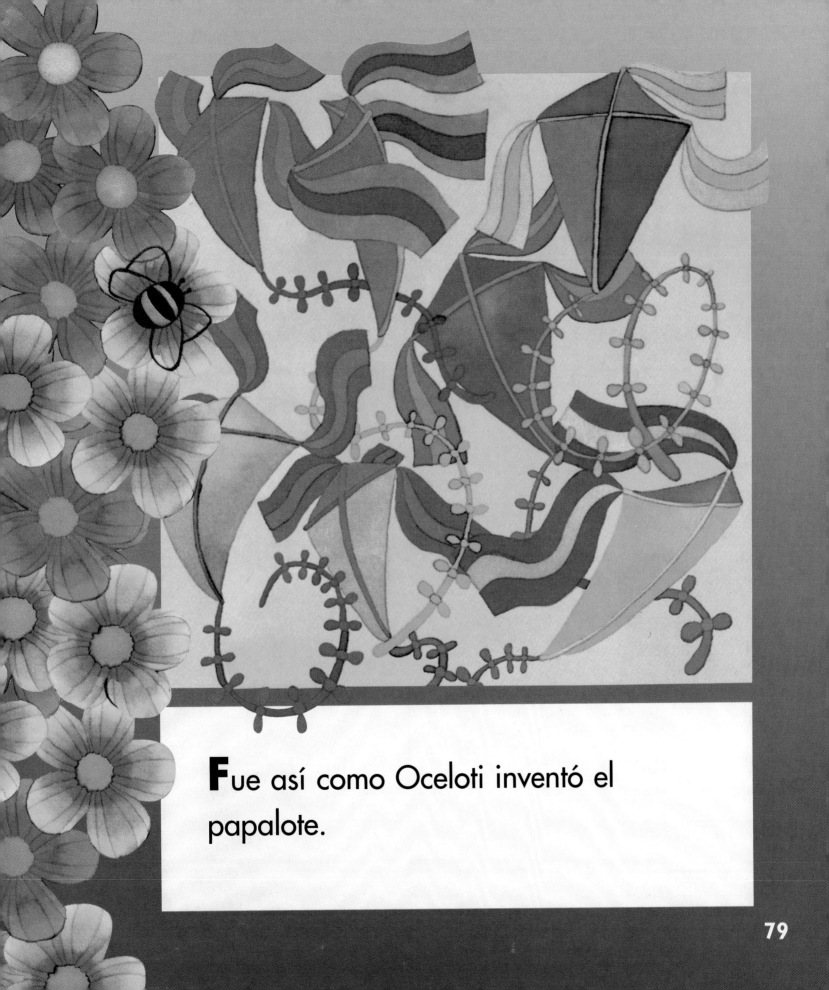

Fue así como Oceloti inventó el papalote.

Autores e ilustradores

María Eugenia Jara
páginas 68-79

María Eugenia Jara es una ilustradora talentosa. En *Mariposa de papel* muestra su interés por las leyendas antiguas y la cultura azteca. Maru Jara, como la llaman sus amigos, vive en México donde se dedica con entusiasmo a ilustrar, con todo colorido e imaginación, historias para niños.

Lisa Desimini
páginas 50-63

A Lisa Desimini siempre le han fascinado el cielo y el espacio. Ilustrar *El cielo de noche* fue un trabajo muy especial porque, para ella, la noche, con la Luna y las estrellas, es una cosa mágica. Sus libros han ganado premios como el New York Times Best Illustrated Book y el Notable Trade Book in Social Studies.

Exploramos juntos

La información nos llega de todas partes

Anda de compras con un sapo que no compra nada. Escucha a un niño que va al mercado con su mamá y compra de todo.

Aprende qué pájaros viven en la selva tropical. Entérate de por qué unos niños plantaron árboles en La Florida.

Visita un jardín botánico donde encontrarás flores de todo el mundo. Sigue el mapa para visitar el jardín.

Ven a un acuario y conoce a la bióloga que estudia los delfines. Descubre cuántos peces viven en el mar.

Javier Rondón

EL SAPO DISTRAÍDO

Era un sapo verde, morado, anaranjado,
tornasolado.

**Una mañana muy tempranito, hizo la lista
para el mercado.**

La mantequilla de las tortillas, la mermelada
de las tostadas.

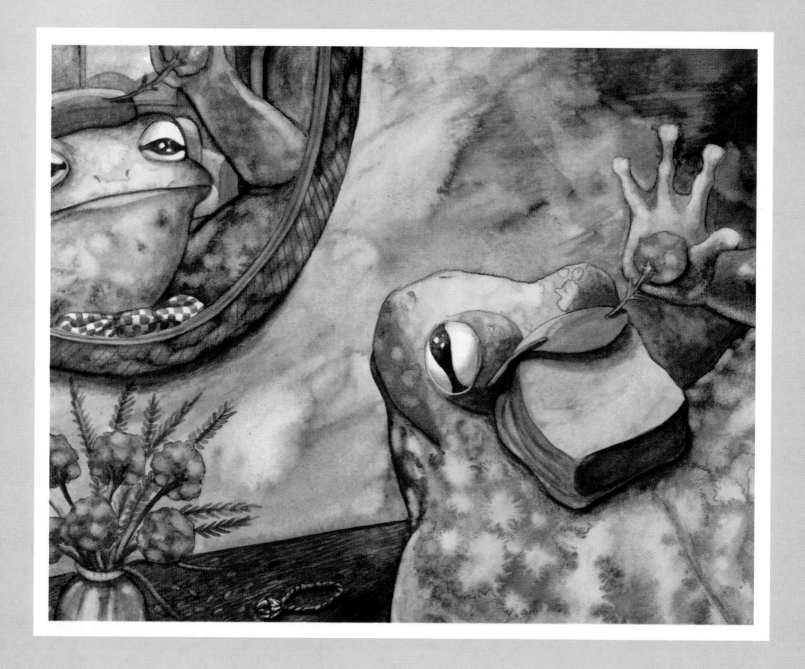

**Puso un clavel en su gorrita y en su patica,
un cascabel.**

Se fue brincando, y en las esquinas cada
vitrina iba mirando.

¡Qué hermosas frutas y qué colores!
¡Cuántos olores hay por aquí!

¡Qué gente ésta tan peripuesta!
¡Y qué alboroto por los corotos!

—¡Vendo tomate! —grita el marchante—.
Tome, doñita, lleve parchita.

El sapo andaba muy distraído; ¡todo ese ruido lo ha confundido!

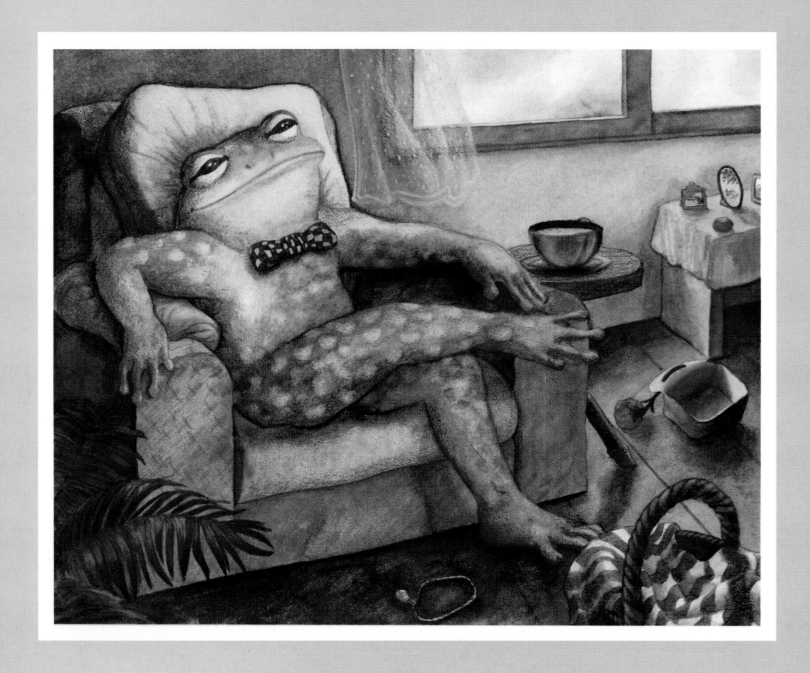

Al fin el sapo llegó a su casa.
De leche tibia sirvió una taza.

Iba a tomarla con mermelada, cuando recuerda: ¡no compró nada!

EN MI BARRIO

**escrito por
Lucy Poisson**

**ilustrado por
Soledad Espinoza**

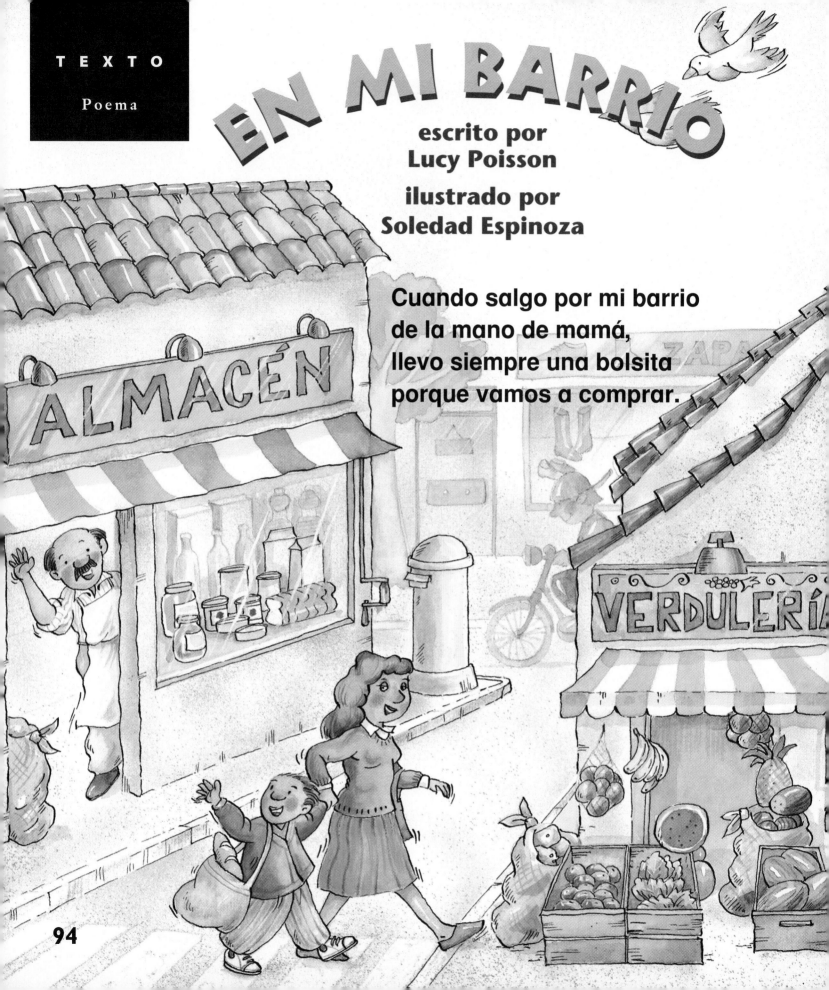

Cuando salgo por mi barrio
de la mano de mamá,
llevo siempre una bolsita
porque vamos a comprar.

ALMACÉN

VERDULERÍA

El buzón está en la esquina,
más allá está el almacén
donde compro arroz, harina
y un tarrito de café.

Luego, en la verdulería,
dos lechugas compraré,
y allá en la carnicería,
tres chuletas y un bistec.

Carnicería

95

El sol y la lluvia del Amazonas

por Ximena de la Piedra

El sol ardiente calienta la selva amazónica.

Toda la mañana...

los mosquitos zumban
y susurran.

Las mariposas vuelan de aquí
para allá.

Los monos se balancean
de los altos árboles.

Los pájaros parlotean.

Las ranas duermen la siesta
bajo hojas gigantescas.

Las tortugas se sientan al sol.

Al mediodía, las nubes
se van acumulando.

De pronto, el *estampido* y el *retumbar*
del trueno hacen temblar la selva.
El cielo se llena de relámpagos.

De repente, comienza
a llover.

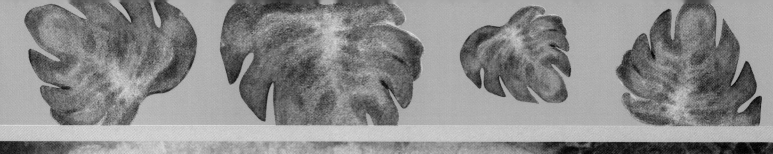

Los mosquitos se callan, las mariposas se paran y los monos se esconden bajo las hojas.

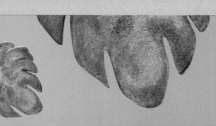

Los pájaros vuelan a sus nidos,
las ranas saltan de charco en charco
y las tortugas se zambullen en el río.

La lluvia para y los animales
reaparecen. Una vez más
el sol ardiente calienta
la selva del Amazonas.

Los niños mantienen verde a La Florida

La clase de las señoras Gerber y Malecka en Miami, La Florida, ganó un gran premio en el Concurso Kids Care. Plantaron más de 200 árboles.

Los regalaron a una escuela y al zoológico en South Dade, La Florida. Muchos árboles fueron destruidos allí durante el huracán Andrew.

EL CASTILLO DE LAS PLANTAS

AUTOR PREMIADO

Escrito por Pat Mora

Ilustrado por Gerardo Suzan

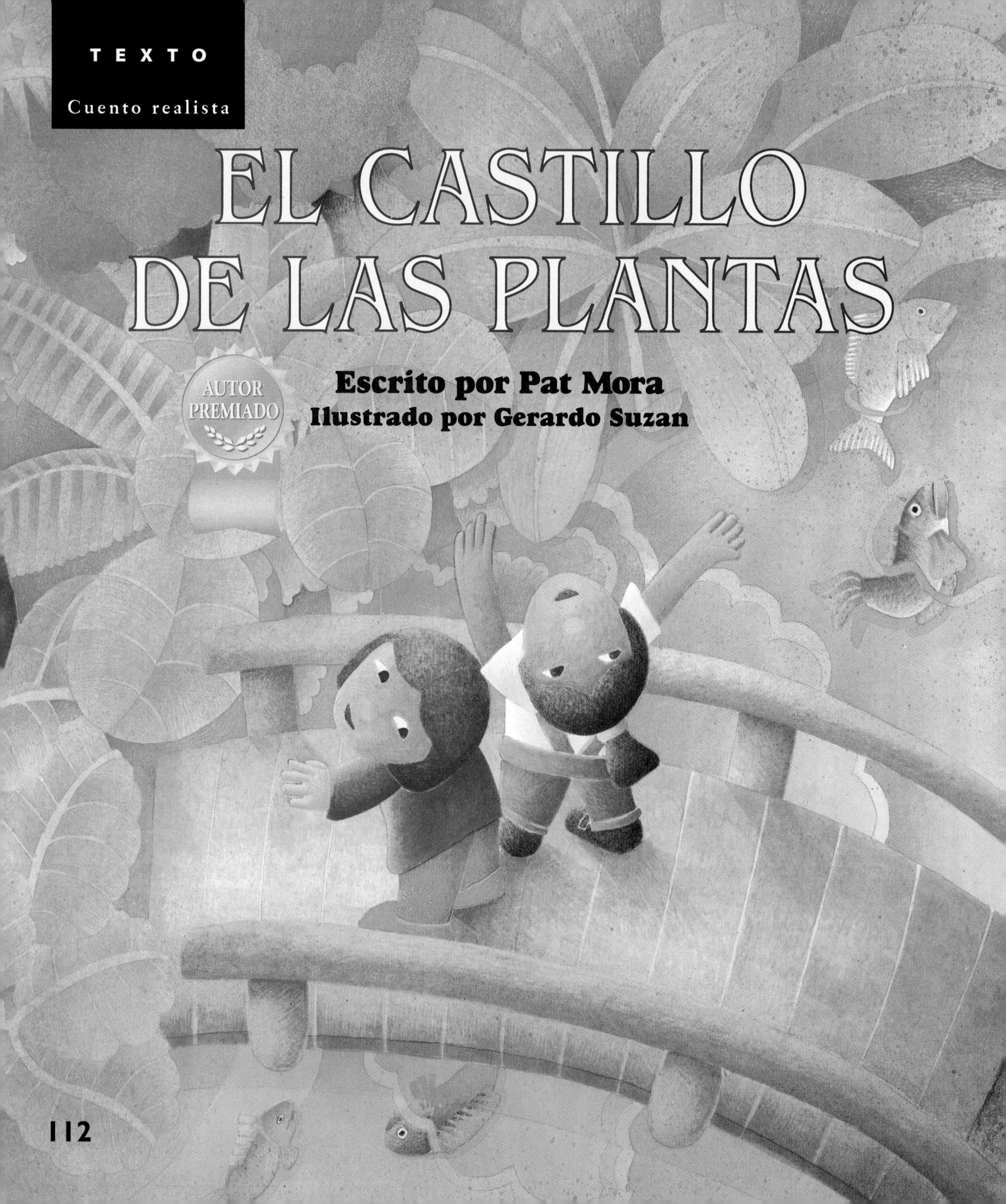

Todos los días después de la escuela, voy al jardín
botánico donde trabaja mi mamá. La gente viene de todas
partes para ver las plantas, los árboles y las flores que
crecen allí.

Hoy Beth, una niña nueva de mi escuela, viene conmigo.

Cuando llegamos al jardín botánico, mi mamá nos está esperando.

—¿Cómo estás, Carmen? —me dice, y me da un abrazo. Luego, saluda a Beth y Beth sonríe. Yo creo que Beth es tímida.

—Beth, vamos al desierto —le digo.

—¿Al desierto? —pregunta Beth.

Aunque esté nevando fuera, en esta sala siempre hace calor y el aire es seco. Es como el desierto donde vive mi tía Nina.

CACTOS

PERA ESPINOSA

ALFILETERO

CUERNO DE CABRA

BOTÓN

ANZUELO

SAGUARO

Le enseño a Beth los cactos que hay en el jardín soleado del desierto. A estas plantas las llaman suculentas porque guardan agua en las hojas. Sus espinas afiladas las protegen de los ratoncitos y los conejos que viven en el desierto. Leemos los letreros con los nombres de los cactos. Los que más nos gustan son el anzuelo y el alfiletero.

Luego pasamos al jardín de las orquídeas. Allí vemos plantas con las ramas cubiertas de lindas flores moradas, amarillas y blancas.

Vemos una mariposa y le digo a Beth: —¡Vamos a seguirla!

La mariposa vuela a otra sala donde mis amigos, Sonia y Miguel, están construyendo un jardín de primavera.

Beth y yo nos agachamos para mirar la ruedita de la noria que mueve un molino. Sonia nos deja meter los dedos en el agua. Vemos también una cabaña de perfecto tamaño para unos ratoncitos. Miramos dentro por las ventanitas.

—¡Allí está la mariposa! —dice Beth de repente.

—¡Ven! —le digo—. Va al bosque tropical.

119

PALMERA

BANANO

Seguimos a la mariposa a una sala llena de altos árboles
verdes. El aire se siente pesado y húmedo en el bosque tropical.
Sentimos el olor de las hojas y de las flores y oímos una cascada.

Cruzamos un puentecito. Beth mira hacia abajo y grita:

—¡Pececitos!

Peces anaranjados y blancos nadan en el agua clara.
Busco a la mariposa en lo alto. Grandes hojas y enredaderas
llegan hasta el techo de cristal. Los árboles altos son como
sombrillas que protegen del sol y la lluvia a las plantas bajas.

PLANTA DE CAMARONES

ÁRBOL DEL CACAO

PALMERA

OREJAS DE ELEFANTE

Luego vamos al jardín tropical. Beth mira una planta que llaman orejas de elefante. Se ríe y me dice: —Carmen, veo elefantes verdes.

Yo señalo otra planta que llaman de camarones y digo: —¡Y yo veo camarones de color de rosa!

—¡Mira! ¡La mariposa! —dice Beth en voz muy baja, y la vemos volar a una palmera alta.

—Tengo hambre —digo—. Aquí crecen plátanos, papayas y otras frutas deliciosas.

Beth lee el letrero que está cerca del árbol del cacao. Le digo a Beth que el chocolate viene de este árbol, y que el árbol viene de México, como mis abuelitos.

123

En ese momento, la mariposa se para en la blusa de Beth.
Ella estira la mano, pero la mariposa echa a volar. Beth dice:
—Es tímida, como yo.

—Es hora de volver a la casa, niñas —dice mi mamá
cuando nos ve—. Pero espero que regreses pronto, Beth.

—¡Sí, sí, volveré! —contesta Beth—. ¡Qué ganas tengo
de contarles a todos en mi casa lo que he visto aquí!

Yo creo que Beth ya no se siente tan tímida.

Cuando nos vamos, Beth mira para atrás al jardín
botánico y dice:

—Es como un castillo brillando en la noche.

Yo digo que sí con la cabeza y sonrío.

de la

Guía del Niño

Tienda

Café

Centro de información

Biblioteca

Bosque

Entrada principal

Cascada

Laberinto de Jacinto

Jardín de la familia de Ruth Rea Howell

Carpa del Rincón del niño

Carritos para explorar

Entrada del Oeste

Molino de Rosa

Paseo en tranvía

Tierra pantanosa

127

Laela Sayigh

Bióloga marina

Laela Sayigh estudia los delfines. Quiere saber cómo los delfines hacen sonidos con la garganta. Fíjate cómo reúne y maneja información en su trabajo.

Laela Sayigh graba los sonidos que hacen los delfines.

Mete los datos en su computadora.

• Laela Sayigh también anota todo lo que observa.

¡MIRA QUÉ PECES!

NORBERT WU

AUTOR
PREMIADO

Un pez, dos peces, tres peces y aún más
Peces que se deslizan y ondean

Peces que planean, con alas como aletas

Peces planos, peces redondos
Y uno más largo y fino que todos

Peces con lunares, peces moteados

Peces con ondas, franjas y rayados

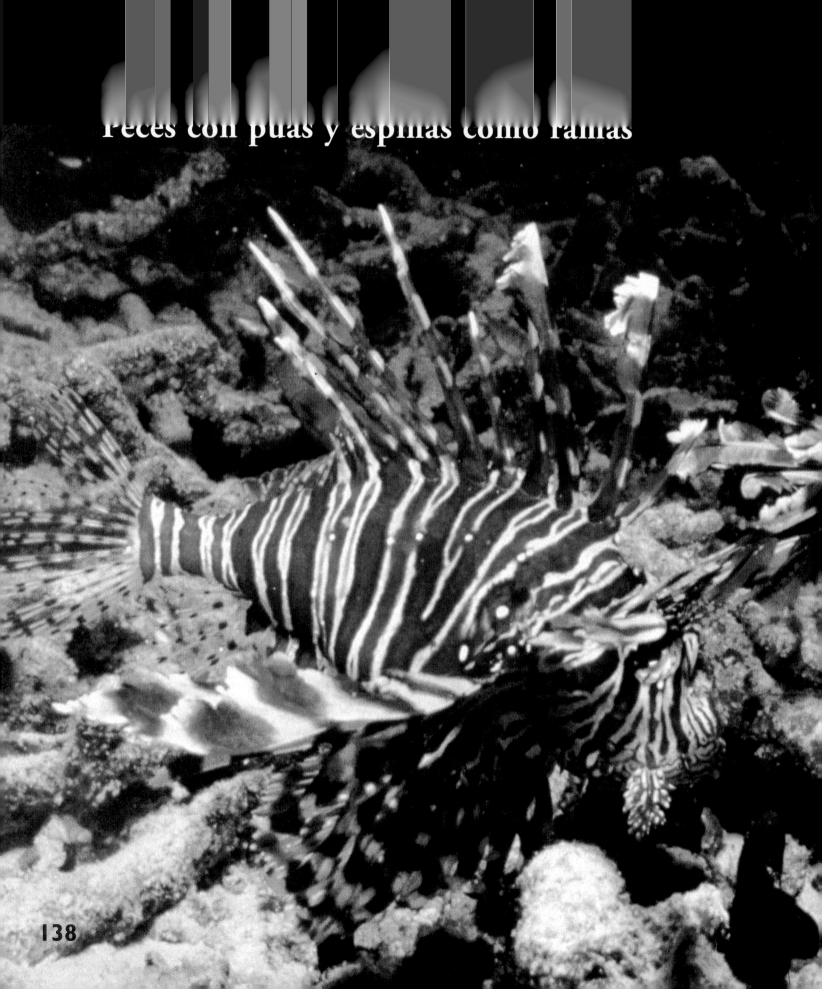

138

Peces de boca grande
Bocas como tubos, bocas como picos
Bocas que se ven en monstruos marinos

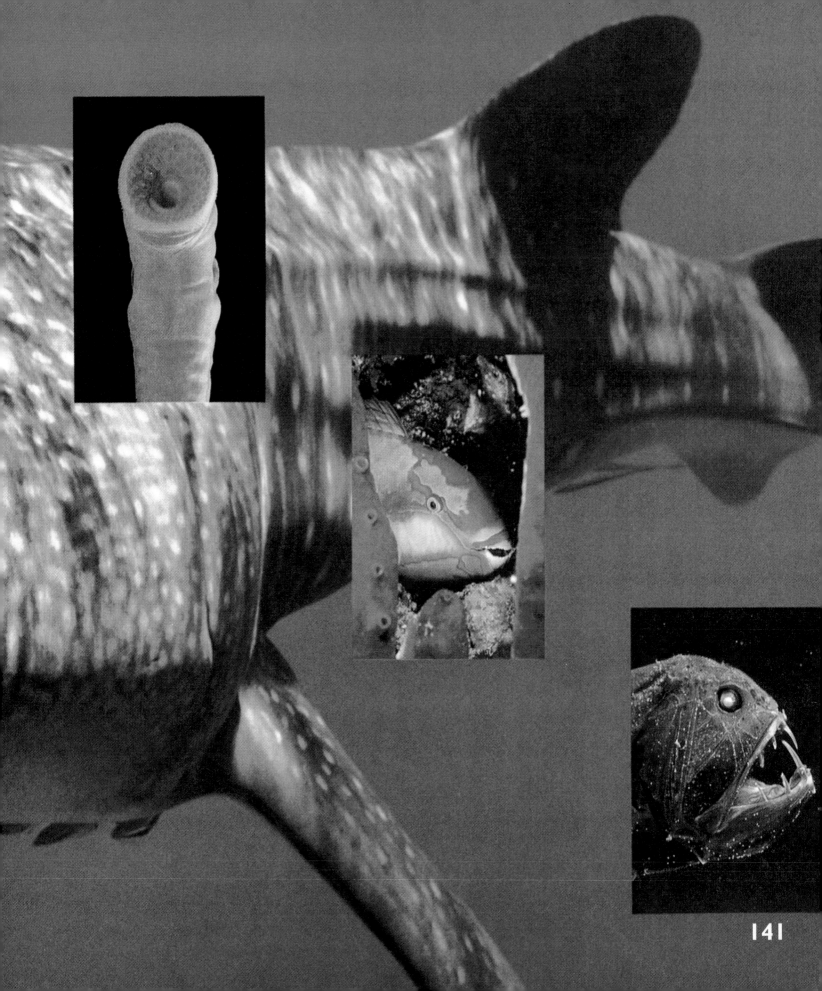

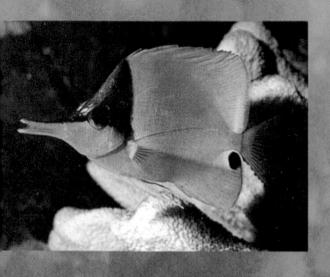

Una nariz larga, una nariz chata y otra rara
Una nariz capaz de cortar leña
Una nariz que brilla entre las peñas

Ojos rojos

Ojos verdes

Ojos grandes que sólo lo parece

Ojos medio cerrados

Ojos brillantes

148

Ojos salientes como periscopios

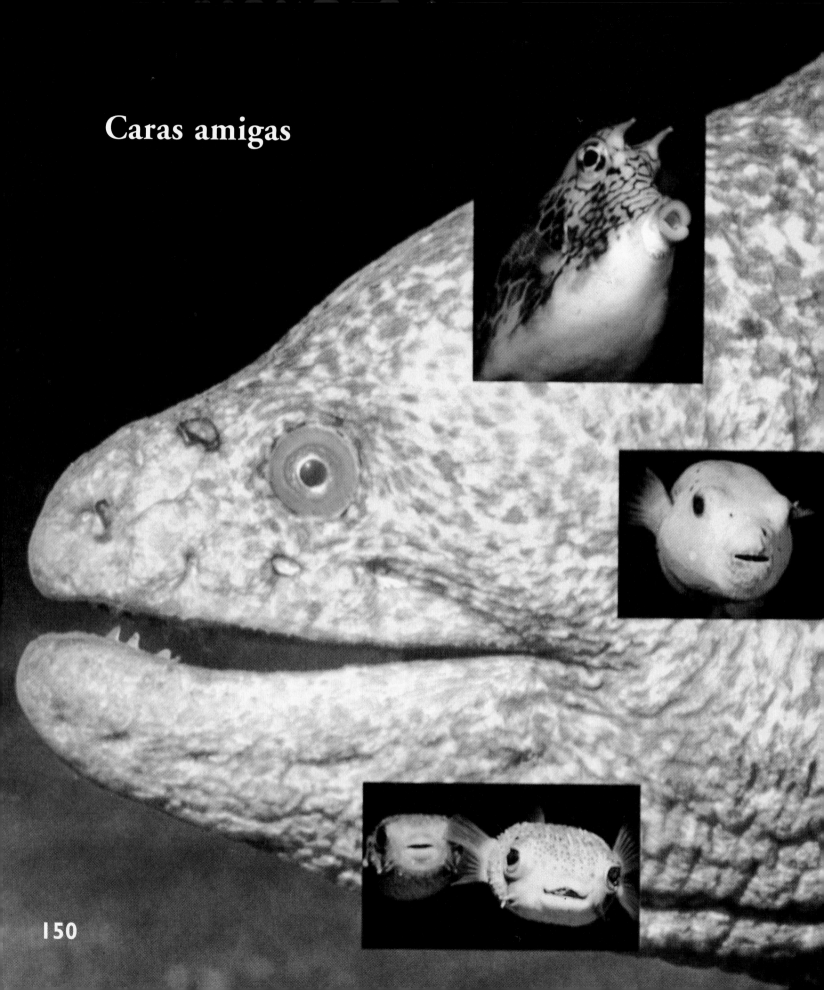

Caras amigas

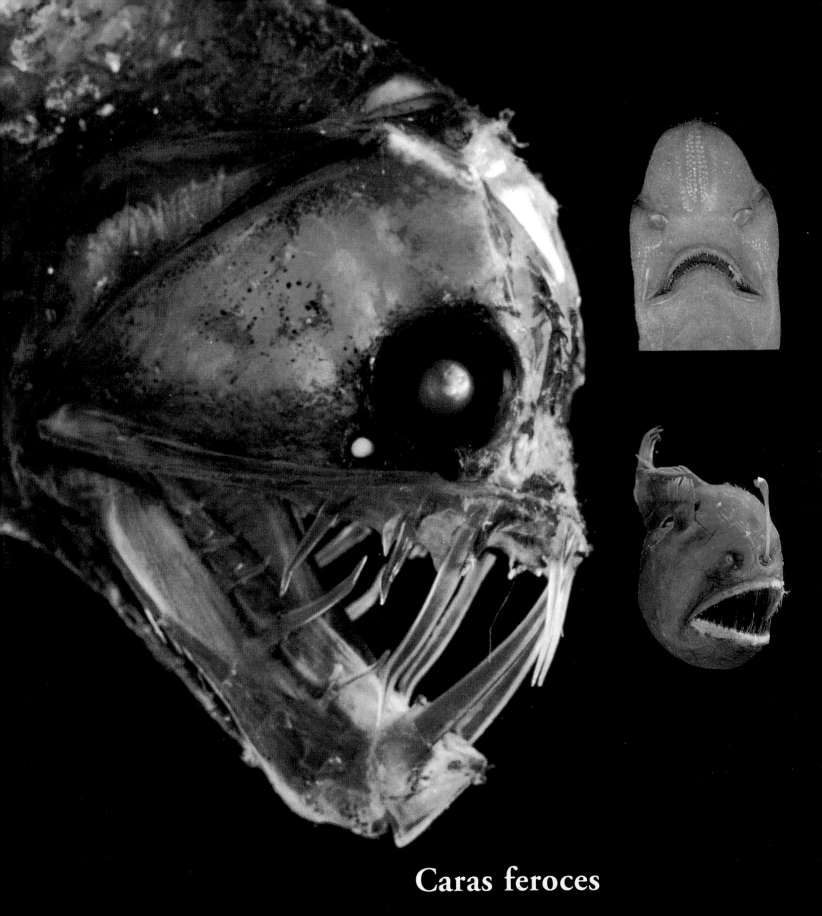

Caras feroces

Caras que parecen tristes o enojadas

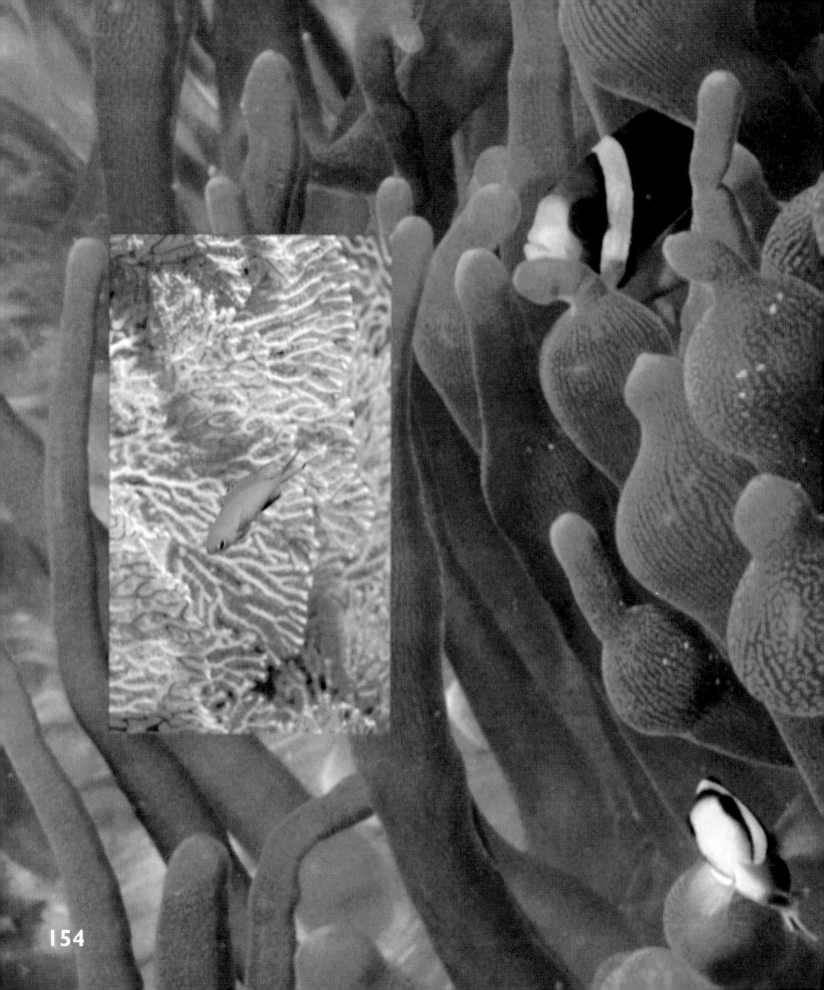

Un pez, dos peces, tres peces y cuatro contarás
Pero, en el océano profundo ¡hay miles más!

Autores e ilustradores

Javier Rondón
páginas 82-93

Javier Rondón nació en el Estado Trujillo, en 1959. Pasó su infancia en la montaña, en el sur del Lago de Maracaibo. Actualmente reside en la ciudad de Maracaibo. También es ceramista y escultor. Javier Rondón es tan distraído como el sapo del cuento; pierde las llaves de su casa con frecuencia y suele guardar en el congelador su lápiz y su goma de borrar. Escribió *El sapo distraído* para su sobrinito Manuel Enrique.

Norbert Wu
páginas 130-155

En su trabajo submarino, Norbert Wu se ha visto frente a frente con toda clase de peces, ¡incluso con tiburones! Este científico pasa mucho tiempo bajo el mar tomando fotos con cámaras especiales que le ayudan a estudiar los peces y otros animales marinos. Sus fotos y escritos acerca del mar han aparecido en libros, revistas y en la televisión.

Gentes y pueblos

Todos somos miembros de una comunidad

Camina por el barrio y conoce a la gente. Escucha a un alcalde decirte por qué la gusta su trabajo.

Aprende a hacer un mapa para guiarte por la ciudad. Juega el juego del día de la Tierra.

Averiguar por qué no brilla el sol. Luego lee el poema del sol que brilla.

Recorre las calles de un pueblo buscando a un niñito que su hermanita cree perdido. ¡Únete a un grupo de niños que ayuda a los vecinos!

En el barrio

Escrito por Alma Flor Ada

Ilustrado por Liliana Wilson Grez

En el barrio veo niños que juegan
en el patio de la escuela,

murales de gran colorido que me hacen
sentir orgulloso,

y pan dulce, de distintas formas.

En el barrio oigo la ruidosa sirena
de un carro de bomberos,

mariachis que tocan alegremente en una
fiesta de cumpleaños,

y la dulce voz de mi tía que canta
mientras trabaja.

En el barrio huelo las flores de la floristería,

los chiles rojos que cuelgan en el puesto
de vegetales,

y el humo de los carros en la bulliciosa calle.

En el barrio pruebo deliciosas enchiladas,
nieve de limón y muchas frutas distintas.

En el barrio, siento la mejilla suave de
mi abuelita, mientras me abraza,

y el pelo sedoso de mi perrito.

Éstas son algunas de las cosas que me gustan de mi barrio.

El barrio es mi hogar.

MENTOR

Steve Yamashiro

Alcalde

Steve Yamashiro es el alcalde de Hilo, en Hawai.
Un alcalde se preocupa por la seguridad y el bienestar
de las personas que viven en su ciudad.

● El alcalde Yamashiro
trabaja, y tiene reuniones,
en su oficina.

● Como todos los alcaldes,
Steve Yamashiro pasa
mucho tiempo con la
gente de su ciudad.

"Lo que más me gusta de ser alcalde es trabajar con la gente", dice Steve Yamashiro. "Entre todos, mejoramos la ciudad para vivir aquí felices".

TEXTO

Por los alrededores
Mapas y viajes

Lectura informativa

Por los alrededores
Mapas y viajes

**Kate Petty y
Jakki Woo**

No te pierdas

Aquí tienes a Quique y a su perro.
Les gusta andar por todas partes.
A Quique le gusta orientarse para no
perderse, por eso, quiere aprender
a hacer y usar mapas.

A vista de pájaro

Cuando Quique y Rafi caminan por la calle, no pueden ver lo que hay a la vuelta de la esquina. Pero si miran desde un globo, pueden verlo todo. Pueden ver la iglesia, la estación y todas las calles entre medio.

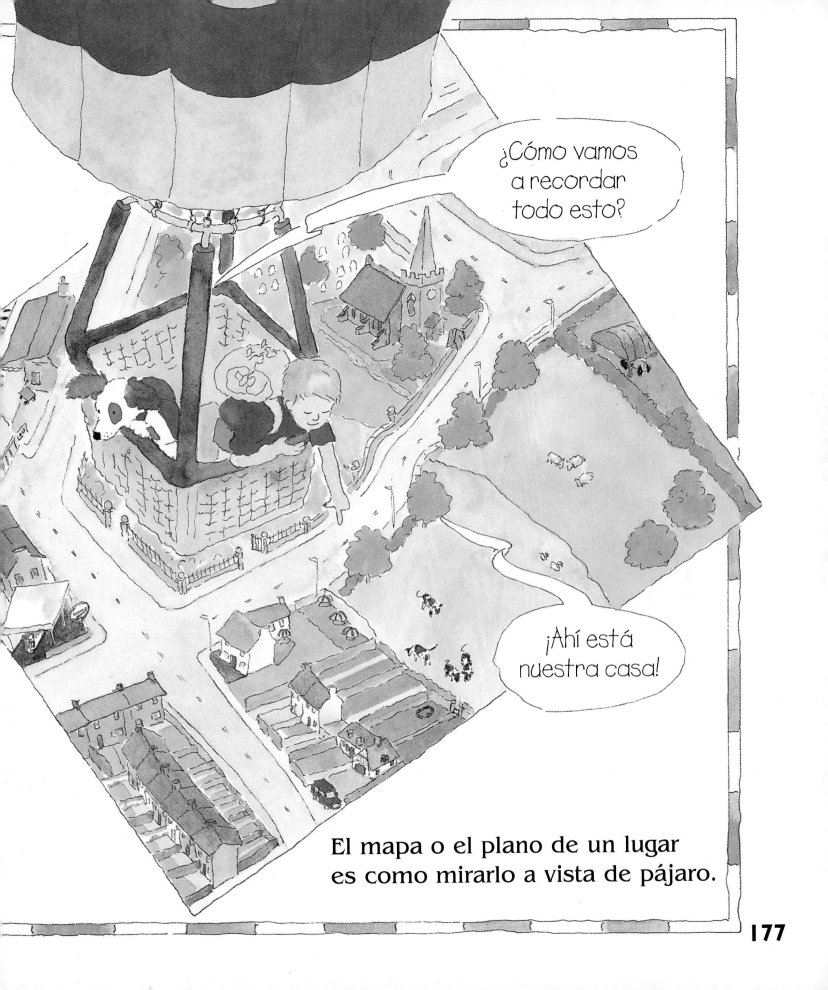

El mapa o el plano de un lugar
es como mirarlo a vista de pájaro.

Hacer un plano

Quique y Rafi deciden hacer un plano del jardín. Desde arriba, pueden ver la forma que tiene.

Quique camina alrededor del jardín y cuenta
los pasos. El jardín tiene 30 pasos de largo y
16 de ancho.

Quique dibuja sus pasos en el papel.
Ahora quiere marcar el rosal y el estanque.
¿Cómo sabrá dónde ponerlos exactamente?

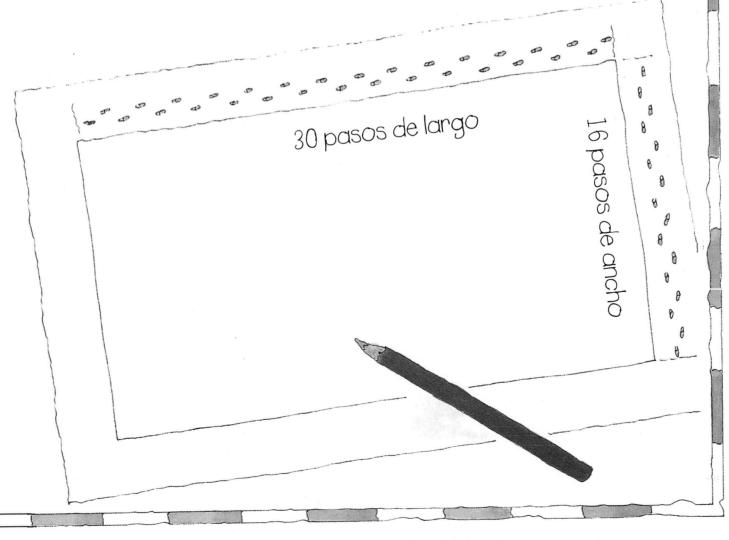

30 pasos de largo

16 pasos de ancho

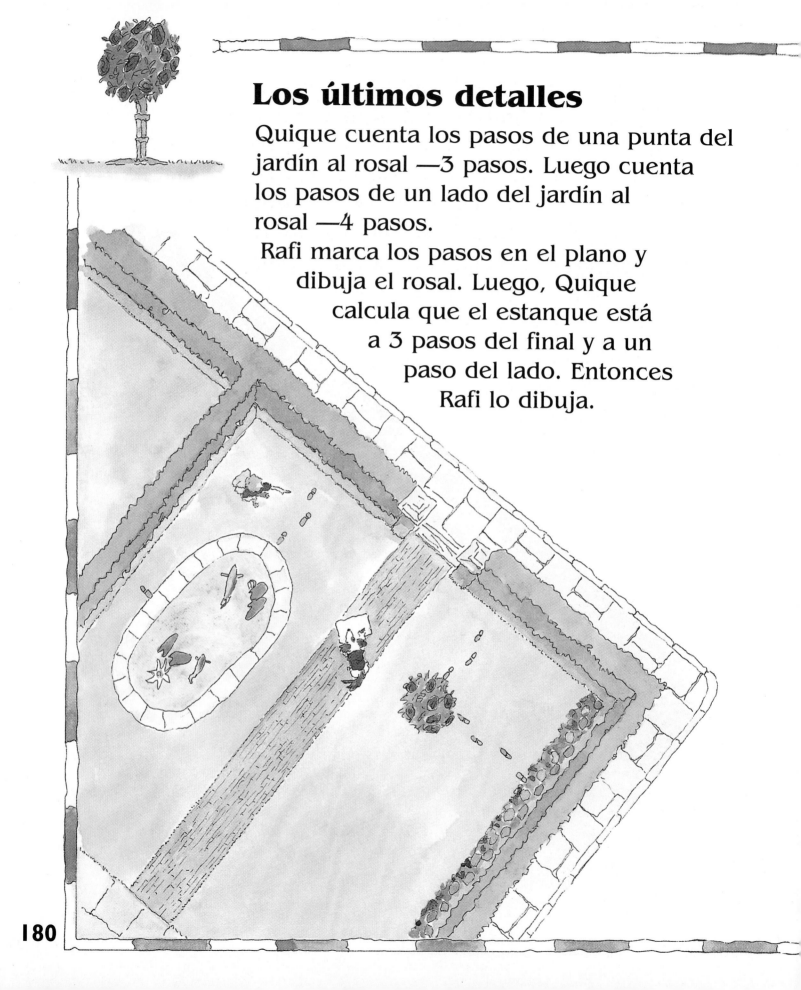

Los últimos detalles

Quique cuenta los pasos de una punta del jardín al rosal —3 pasos. Luego cuenta los pasos de un lado del jardín al rosal —4 pasos.

Rafi marca los pasos en el plano y dibuja el rosal. Luego, Quique calcula que el estanque está a 3 pasos del final y a un paso del lado. Entonces Rafi lo dibuja.

Rafi mide el jardín con una cinta de medir. Tiene 60 pies (18 metros) de largo. Eso quiere decir que los pasos de Harry son de 2 pies (0.6 metros) cada uno. Entre los dos dibujan la escala en el plano. Tú puedes hacer un plano de tu jardín o de tu salón de clase.

2 pies

El camino a la escuela

Mira el dibujo de la otra página. Se ve la escuela en la parte de arriba, la iglesia en el medio y la casa de Quique, abajo. En esta página, Quique está haciendo un mapa del camino, o la ruta, a la escuela. Tiene que pensar dónde dobla a la izquierda y dónde dobla a la derecha. Quique dibuja los puntos de referencia, que son marcas importantes, como el puente y la iglesia que ve al ir a la escuela. Los marca en la ruta.

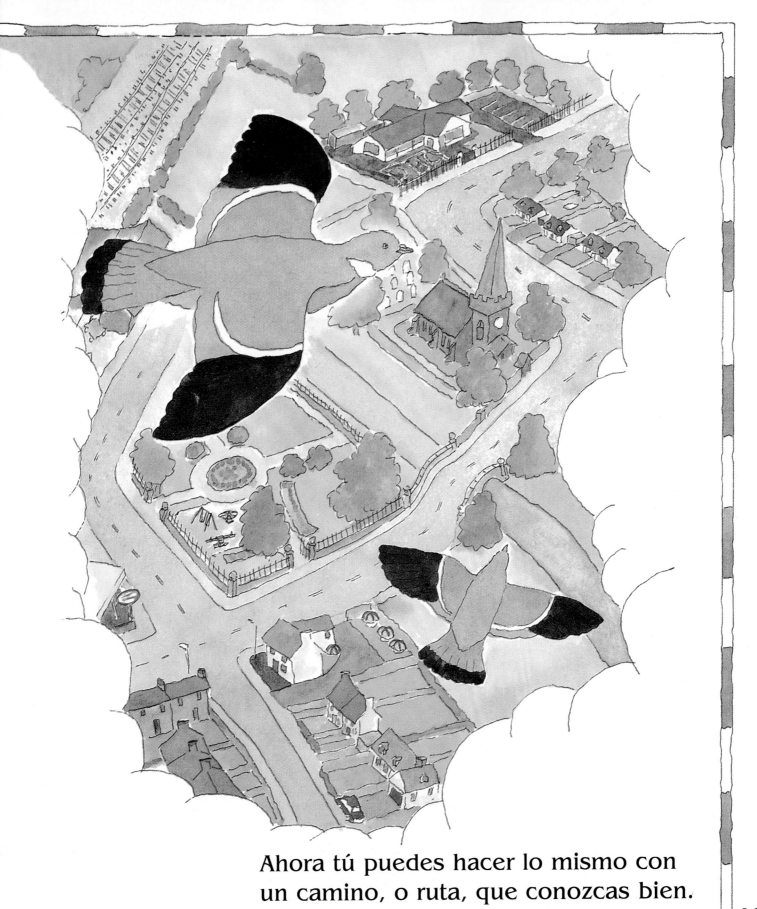

Ahora tú puedes hacer lo mismo con
un camino, o ruta, que conozcas bien.

ENTRADA

SUCIO. S.A.

HUMO, S.A.

Reciclas una lata.
Adelanta dos pasos.

Echas por tierra un nido
de pájaros. Retrocede
dos pasos.

Lees sobre animales en
peligro de extinción.
Usa el atajo.

BASURERO

BIBLIOTECA

Tira un 2, 4 o
6 para salir.

Ayudas a limpiar el
campo de juego.
Adelanta dos pasos.

Andas en bicicleta
en vez de en carro.
Usa el atajo.

¡Estás metido en
el basurero!

CENTRO DE
RECICLAJE

Visitas el
centro de
reciclaje.

Le das una patada al cubo
de la basura.
Pierde un turno.

Llenas el comedero para
pájaros con semillas.
Tira del nuevo.

CRISTAL   METAL   PAPEL

Cuidas
la Tierra.
Tira de nuevo.

LIMPIO, S.A.

184

Ponte verde para el Día de la Tierra

¿Qué puedes hacer en tu vecindario para ayudar a la Tierra? Súbete a la bicicleta y míralo.

Necesitarás:

un dado

tapas de botella o botones

Cómo jugar:

Por turnos tiren el dado y luego muevan la tapa o el botón. El primero en llegar a la salida es el ganador.

Sueltas unos globos. Retrocede un paso.

PLANTA DE LA PURIFICACION DE AGUA

Organizas una fiesta para el Día de la Tierra. Tira de nuevo.

Tiras un envase que se podría usar otra vez. Pierde un turno.

Te aseguras que el grifo no gotea. Adelanta un paso.

Dejas la luz encendida. Gastas electricidad. Retrocede un paso.

SALIDA

185

Triste historia del Sol
con final feliz

Elena Climent

Pues sí, niñas y niños,
resulta que un día el Sol salió menos
luminoso que de costumbre.

Y no es que no alumbrara, no;
el Sol sí brillaba,
pero su luz era débil, sin chiste,
y el cielo parecía estar triste.

En la tierra la gente empezó a preocuparse,
"¿Qué tendrá el Sol, qué le pasará?
¡Da toda la impresión de carecer de alegría!"

"¡Qué tristeza —dijo un niño—
ver al Sol llorar y no poderlo consolar!"

Las aves no cantaron,
las flores no se abrieron,
los niños no jugaron y en el mar todos,
todos los peces se escondieron.

Con gente de todo el mundo se hizo una reunión, para ver si entre todos hallaban una solución.

Fue un músico el primero que dijo:
"Yo sugiero mandarle al Sol una canción que le llegue al alma y le alegre el corazón".

Luego dijo un jardinero:
"Yo le enviaría una rosa,
estaría metida en un florero,
sería amarilla, grande y muy hermosa".

"¿Y qué me dicen de un ungüento?"
dijo una doctora.
"¡O mejor un lindo cuento!"
intervino una escritora.

¡Qué de cosas, qué de ideas!
¡Qué de ruidos y empujones!
"¿Cuál ganará?"
"¿Cuál servirá?", gritan todos en las sesiones.

Y así mandan todo
metido en un globo.
¡Ya lo sueltan, va volando,
ya al Sol se está acercando!

Pasó la noche,
y llegaba el día...

¡El Sol salía lleno de alegría!

¿Cuál fue el remedio?, nadie lo sabía.
Pero en secreto cada uno se decía
"fue mi flor", "fue mi cuento",
"yo diría que fue mi ungüento".
Y es así como en algunos cuentos,
todos pueden quedar contentos.

SOL

¡Qué hermosa mañana
tan llena de sol!
Los rayos dorados
nos dan su calor.
Hagamos la ronda
cantándole al sol.
¡Que nunca nos falte
su luz y calor!

SE NECESITA TODO UN PUEBLO

Jane Cowen-Fletcher

El sol recién empezaba a salir pero hacía horas que la gente del pueblo se había levantado. Era día de mercado.

—Yemi —dijo Mamá—. Hoy cuidarás a tu hermanito mientras vamos al mercado. Yo estaré muy ocupada vendiendo nuestros mangos.

—Ven Kokou —dijo Yemi—. Hoy te cuidaré yo, ¡yo solita!

—¿Tú solita? —le preguntó Mamá mientras sonreía por lo que Yemi había dicho. Mamá sabía bien que no sería así.

Mamá recogió los mangos. Yemi alzó a Kokou, sintiéndose como muy mayor, mientras caminaba al lado de su mamá.

Se unieron a la multitud que caminaba hacia el pueblo.
La gente venía de los alrededores para vender sus mercancías
y comprar lo que necesitaba. El día de mercado era también
propicio para encontrarse con amigos y conocidos.

Comenzaron a saludarse al
encontrarse en el camino que
conducía al pueblo.

—¡Hola!

—¿Cómo está usted?

—¿Cómo está la familia?

Yemi ayudó a su mamá a colocar los mangos.
Una de las vendedoras de fruta dijo: —¡Cómo ha
crecido Yemi! Debe ser una gran ayuda para usted.

—Sí —dijo Mamá—. Ella es quien va a cuidar a Kokou hoy.

—Yo solita —añadió Yemi.

—¿Tú solita? *¡Yay gay!* —exclamaron admiradas las mujeres.

Sonrieron y asintieron con la cabeza, aunque sabían que no sería precisamente así.

Una vez acomodados los mangos,
Yemi preguntó si podía llevar a Kokou
a dar una vuelta por el mercado.
—Sí, pero no tarden mucho
—le dijo Mamá.

Yemi no se había alejado mucho cuando Kokou empezó a mostrarse inquieto.
—Debe tener hambre —dijo ella. Lo bajó sólo por un minuto para poder comprar cacahuetes...

...y Kokou se fue caminando.

—¡*Cho!* —gritó Yemi cuando se dio la vuelta y descubrió que Kokou no estaba. Puso los cacahuetes en el bolsillo...

...y corrió a buscarlo.

—¿A dónde habrá ido? —se preguntó.
Mientras lo buscaba, Yemi empezó a preocuparse.
—Kokou debe tener hambre.

Pero no era así.

—Kokou debe tener sed.

Pero no era así.

—Kokou debe estar asustado.

Pero no era así.

—Kokou debe tener calor.

Pero no era así.

—Kokou debe estar cansado.

Pero no lo estaba.

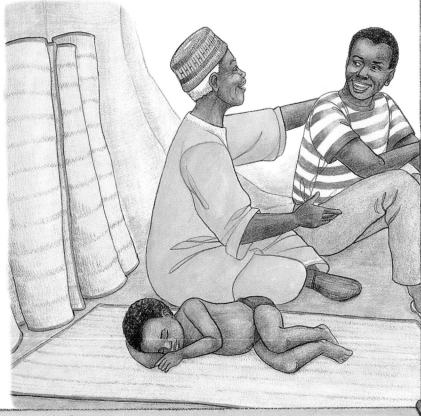

Después de buscarlo por todas partes,
Yemi se paró y gritó con todas sus fuerzas:
—¡Kokou se ha perdido!

Pero no era así.

Justo al otro lado del sendero Kokou se acababa de despertar.

—¿Es él tu Kokou? —le preguntó el vendedor de esteras.

—¡Sí! —exclamó Yemi alzando a su hermano.

—Muchas gracias por haberlo cuidado —le dijo Yemi al vendedor de esteras.

—¡Oh! no he sido el único —dijo con una sonrisa señalando en la dirección de donde había venido Kokou.

Yemi le volvió a dar las gracias y se alejó por ese rumbo.

Yemi dio las gracias una vez...
y otra vez...

y otra vez...

y otra vez...

y otra vez.

225

—Hemos tardado mucho tiempo en volver —dijo Yemi—.
Mamá debe estar preocupada.

Pero no lo estaba, porque Mamá sabía lo que pasaría.

—Al igual que mi mamá me lo dijo, y su mamá a ella, te diré que tú no estabas sola, Yemi. No criamos a nuestros hijos solos. *Se necesita todo un pueblo para criar a un niño.*

Ayudando a los vecinos

Vecinos no son solamente la gente que vive cerca de ti. Pueden ser cualquier persona que conozcas. ¿Cómo ayudas a tus vecinos?

PARA LOS
NECESITADOS

229

Autores e ilustradores

Alma Flor Ada
páginas 158-171

Alma Flor Ada es una escritora hispana que escribe libros para niños. Nació en Cuba y muchas de las historias que cuenta, las aprendió en Cuba cuando era niña.

A Alma Flor Ada le encanta la gente; adora a los niños, los animales y las plantas, y son éstos los temas que usa en sus cuentos.

Gerardo Suzán
páginas 201

Gerardo Suzan nació en la Ciudad de México. Ha estudiado diseño gráfico y ha participado en talleres de ilustración. Suzan ha ilustrado más de 20 libros juveniles y ha colaborado en periódicos y revistas. Como ilustrador, en 1985 obtuvo el primer premio en el Concurso Alfonso Robles.

Glosario

abajo
un lugar más bajo que otro.
Juan está arriba, Rosa le espera **abajo**.

alboroto
ruido de mucha gente que habla a la vez.
Cuando mis amigos vienen a jugar, hacemos mucho **alboroto**.

alrededor
el contorno o todo lo que rodea.
Hay una valla **alrededor** del jardín.

arriba
en un lugar más alto que otro.
María está **arriba**, en la copa del árbol.

barrio
parte de un pueblo o ciudad.
Todas las tardes voy al parque de mi **barrio**.

bosque
lugar grande con muchos árboles y arbustos.
A las afueras de la ciudad, hay un **bosque** de pinos.

brilla
da luz.
La bola de cristal **brilla** mucho.

cascabel
bolita de metal que suena cuando se mueve.
Todos mis gatitos llevan un **cascabel**.

bosque

cometas

cuerpos en el cielo con cola larga y brillante.
Los **cometas** a veces pasan cerca de la tierra.

desierto

extensión muy grande de arena donde no hay casi agua.
Los camellos están en el **desierto**.

escalera

objeto con peldaños que se usa para subir o bajar.
Usé una **escalera** para subir al árbol.

desierto

escalera

cuota

cantidad, especialmente de dinero, que se paga por algo.
La **cuota** en el Club del Lector no es muy alta.

desván

espacio o cuarto debajo del techo de una casa.
Ayer subí al **desván** de mi abuelita.

débil

que tiene poca fuerza.
Mi pajarito está muy **débil**.

distraído

que no pone atención
En clase estaba.
distraído mirando por la ventana.

estrellas

cuerpos en el cielo que tienen luz y están muy lejos.
Por las noches, veo las **estrellas** desde mi ventana.

decidieron

determinaron o resolvieron algo.
Al final **decidieron** ir al parque.

entre

estar en medio de dos cosas, lugares, o personas.
El número tres está **entre** el dos y el cuatro.

familia

grupo formado por los padres, sus hijos, y otros parientes.
Tengo muchos primos,

tíos y hermanos ¡somos una **familia** muy grande!

feroces
que son salvajes, hostiles o bravos.
Los lobos son animales **feroces.**

flor
parte de las plantas que tiene formas y colores hermosos.
Regalé una **flor** a mi mamá por el Día de la Madre.

floristería
tienda donde venden flores.
Compré unas margaritas en la **floristería**.

gigantescas
que son muy grandes.
Las manos del carnicero son **gigantescas**.

hambre
necesidad o ganas de comer.
Después de nadar en la playa tengo **hambre**.

iluminarse
aparecer con luz.
Las calles van a **iluminarse** para la fiesta.

luminoso
que despide luz.
El cuarto es muy **luminos** .

llegar
venir a algún lugar.
El avión va a **llegar** a las doce.

mangos
fruta tropicales de color anaranjado.
Ayer por la tarde comí dos **mangos**.

mangos

mariposa
insecto con alas de colores.
Vi una **mariposa** en el jardín de mi casa.

mariposa

233

me aburría

me cansaba de las mismas cosas; no tenía ganas.

Me aburría jugando sola con mis juguetes.

mediodía

las doce del día.

Al **mediodía** salimos a jugar en la escuela.

mejilla

cada parte alta de la cara debajo de los ojos.

Tengo un lunar en la **mejilla** derecha.

motor

aparato que produce movimiento.

Mi coche de juguete tiene un **motor** que lo hace correr.

motor

murales

pinturas hechas en un muro o pared.

Los **murales** de mi escuela son de colores vistosos.

músico

persona que se dedica a la música.

Cuando sea grande voy a ser **músico**.

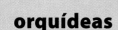

oliéndote

que sientes tu propio olor.

¿Estás **oliéndote** las manos?

orgulloso

que se siente bien sobre sí mismo.

Me siento muy **orgulloso** de poder hacer las tareas solo.

orquídeas

flores que crecen en regiones tropicales o templadas.

Recogí una **orquídea** en el invernadero.

orquídea

234

papalote
juguete de papel o tela
que se eleva por el aire
sujeto a un hilo.
Mi hermanito y yo
hacemos volar el
papalote en el parque.

papalote

parece
da la impresión de que
es o sucede pero no
es, necesariamente, así.
Parece que va a llover.

pastar
masticar o comer el
pasto o zacate.
Las vacas salen a **pastar**
de día y de noche.

peripuesta
que va muy arreglada
o bien vestida.
La vecina siempre va
muy **peripuesta**
al mercado.

periscopios
aparatos para mirar la
superficie cuando uno
está debajo del agua.
Los submarinos tienen
perisocopios para
poder ver la costa.

planetas
cuerpos que se mueven
alrededor del Sol.
No podemos ver todos
los **planetas**.

púas
cuerpo delgado que
acaba en punta afilada.
Al peine le faltan
tres **púas**.

pueblo una ciudad
pequeña.
Yo soy de un **pueblo** en
las montañas.

pueblo

ramas
partes de los árboles
donde crecen hojas,
flores y frutos.
Las **ramas** estaban
llenas de peras.

remedio
que arregla una
enfermedad o un error.
Tengo un **remedio**
para el dolor de cabeza.

ruidosa
que hace mucho ruido.
La calle de mi casa es
muy **ruidosa**.

sed
necesidad o ganas
de beber.
Tengo **sed** cuando
juego al baloncesto.

se deslizan
pasan o se mueven
suavemente.
Los patinadores **se
deslizan** sobre el hielo.

selva
lugar con mucha
vegetación y animales.
En la **selva** vi árboles
extraños.

se zambullen
se tiran al agua.
Mis primos **se
zambullen** en el río.

tornasolado
que cambia de colores
con la luz.
El pez en el estanque se
ve **tornasolado**.

triste
que sufre o siente pena.
El final de la película era
triste.

tropical
característico del
Trópico o de un clima
húmedo y caluroso.
La fruta **tropical** es
deliciosa.

trueno
ruido muy fuerte que
sigue al rayo cuando
hay tormenta.
Ayer oí un **trueno** que
me asustó.

ungüento
pomada o crema que
cura.
Ponme el **ungüento** en
el brazo.

vacío
que no tiene nada
dentro.
Comimos sopa, y dejé
mi plato **vacío**.

viento
el aire cuando se
mueve.
El **viento** se llevó el
sombrero de mi papá.

vitrina
ventana o caja de vidrio
que se usa para mostrar
mercancía.
Me gusta mirar la
vitrina de la tienda de
juguetes.

volando
moviéndose por el aire.
En primavera, los
pájaros vienen
volando del sur.

Acknowledgments

Grateful acknowledgment is made to the following sources for permission to reprint from previously published material. The publisher has made diligent efforts to trace the ownership of all copyrighted material in this volume and believes that all necessary permissions have been secured. If any errors or omissions have inadvertently been made, proper corrections will gladly be made in future editions.

Cover: From MARIPOSA DE PAPEL by Miguel Góngora, illustrated by María Eugenia Jara. Published by Prisma Editorial/CONAFE. All rights reserved.

Interior: Unidad 1 Expresión creativa — ¡Imagínate!

"En el desván" from EN EL DESVAN by Hiawyn Oram, illustrated by Satoshi Kitamura. Originally published as IN THE ATTIC. Text copyright © 1984 by Hiawyn Oram, illustrations copyright © 1984 by Satoshi Kitamura. Spanish translation copyright © 1993 by Fondo de Cultura Económica, S. A. de C. V. Reprinted by arrangement with Henry Holt and Co. and Fondo de Cultura Económica, S. A. de C. V. All rights reserved. Used by permission.

"Canción pa'l primer astronauta chileño" by Floridor Pérez from ARCOIRIS DE POESIA INFANTIL published by Editorial Universitaria, San Francisco 454, Santiago de Chile. Used by permission of the publisher.

"Las tres cabritas gruñonas" by Mike Thaler, illustrated by Vincent Andriani. Originally published as: THREE BILLY GOATS GRUFF in Scholastic's Literacy Place ®. Copyright © 1996 by Scholastic Inc. Spanish adaptation by Martha Sastrías. Spanish adaptation copyright © 1997 by Scholastic Inc. All rights reserved.

"El cielo de noche" by Alice Pernick, illustrated by Lisa Desimini. Originally published as: THE NIGHT SKY. Copyright © 1994 by Scholastic Inc. Spanish translation copyright © 1997 by Scholastic Inc. All rights reserved.

"Mariposa de papel" from MARIPOSA DE PAPEL by Miguel Góngora, illustrated by María Eugenia Jara. Published by Prisma Editorial/CONAFE. All rights reserved.

Cover from UN DIA DE NIEVE by Ezra Jack Keats. Illustration copyright © 1962 by Ezra Jack Keats. Originally published by Puffin Books, a division of Penguin Books USA Inc. as The Snowy Day.

Cover from EL VIAJE DE JENNY by Sheila White Samton. Illustration copyright © 1991 by Sheila Samton. Originally published by Viking Penguin as Jenny's Journey.

Cover from LA RONDA DE LA LUNA by Elva Macías, illustrated by Erika Magaña. Illustration copyright © 1994 by Ediciones Corunda, S.A. de C.V. Published by Ediciones Corunda, S.A. de C.V.

Cover from ESTABA EL SEÑOR DON GATO illustrated by Carmen Salvador. Illustration copyright © 1989 by Ediciones Ekaré. Published by Ediciones Ekaré.

Unidad 2 Manejar información — Exploramos juntos

"El sapo distraído" from EL SAPO DISTRAIDO by Javier Rondón, illustrated by Marcela Cabrera. Copyright © 1988 by Ediciones Ekaré. All rights reserved. Used by permission.

"En mi barrio" by Lucy Poisson from ARCOIRIS DE POESIA INFANTIL. Copyright © 1987 by Editorial Universitaria. All rights reserved. Used by courtesy of Editorial Universitaria, Maria Luisa Santander 0447, Santiago de Chile.

"El sol y la lluvia del Amazonas" from EL SOL Y LA LLUVIA DEL AMAZONAS by Ximena de la Piedra. Originally published as AMAZON SUN, AMAZON RAIN. Copyright © 1994 by Scholastic Inc. Spanish translation copyright © 1994 by Scholastic Inc. All rights reserved. Published by Scholastic Inc.

"Los niños mantienen verde a La Florida" from Scholastic News, May 1993. Copyright © 1993 by Scholastic Inc. All rights reserved. Published by Scholastic Inc. Used by permission.

"El castillo de las plantas" by Pat Mora, illustrated by Gerardo Suzan. Originally published as: THE PLANT CASTLE in Scholastic's Literacy Place®. Copyright © 1996 by Scholastic Inc. Spanish translation copyright © 1997 by Scholastic Inc. All rights reserved. Published by Scholastic Inc.

Map from New York Botanical Garden Children's Guide by Paul Meisel is used by permission of HK Portfolio. New York Botanical Garden logo is reprinted by permission of the New York Botanical Garden.

"¡Mira qué peces!" by Norbert Wu. Originally published as: FISH FACES. Copyright © 1993 by Norbert Wu. Spanish translation copyright © 1997 by Scholastic Inc. Reprinted by permission of Henry Holt and Co.

Cover from LA MARIQUITA MALHUMORADA by Eric Carle. Illustration copyright © 1977 by Eric Carle. Originally published by Thomas Y. Crowell Company as THE GROUCHY LADYBUG.

Cover from DANIEL Y LOS DINOSAURIOS by Mary Carmine, illustrated by Mary Carmine, illustrated by Martin Baynton. Illustration copyright © 1990 by Martin Baynton. Originally published by Ashton Scholastic as Daniel's Dinosaurs.

Cover from LA VIDA SOBRE LA TIERRA by María Rius, illustrated by Josep MaParramón. Illustration copyright © 1986 by Parramón Ediciones, S.A. Published by Parramón Ediciones, S.A.

Cover from Y HOY...¿QUÉ TIEMPO HARÁ? by Paul Rogers, illustrated by Kazuko. Illustration copyright © 1989 by Kazuko. Originally published by Greenwillow Books, a division of William Morrow and Company, Inc. as WHAT WILL THE WEATHER BE LIKE TODAY?

Cover from SOMOS UN ARCO IRIS/WE ARE A RAINBOW by Nancy María Grande Tabor. Illustration copyright © 1995 by Charlesbridge publishing. Published by Charlesbridge Publishing.

Cover from EL VIENTO TRAVIESO by Lourdes Bradley, illustrated by Martha Avilés. Illustration copyright © 1994 by Ediciones Corunda, S.A. de C.V. Published by Ediciones Corunda, S.A. de C.V.

Cover from HAMAMELIS, MIOSOTIS Y EL SEÑOR SORPRESA by Ivar Da Coll. Illustration copyright © 1993 by Ediciones Ekaré. Published by Ediciones Ekaré.

Cover from LA MAÑANA DE LA DESPEDIDA by Angela Johnson, illustrated by David Soman. Illustration copyright © 1992 by David Soman. Originally published by Orchard Books as THE LEAVING MORNING.

Unidad 3 Participar en la comunidad — Gentes y pueblos

"En el barrio" from EN EL BARRIO by Alma Flor Ada, illustrated by Liliana Wilson Grez. Copyright © 1994 by Scholastic Inc. All rights reserved. Published by Scholastic Inc.

"Mapas y viajes" by Kate Petty and Jakki Wood. Originally published as: AROUND AND ABOUT MAPS AND JOURNEYS. Copyright © 1993 by Aladdin Books, Ltd., London. Spanish translation by María Rosa Teira Jacks. Spanish translation copyright © 1997 by Scholastic Inc. Published by Barron's Educational Series, Inc., Hauppage, NY. Reprinted by permission.

"Pónte verde para el Día de la Tierra" Copyright © 1994 by Scholastic Inc. Originally published as a supplement to Scholastic News, April 1994. Art: Andy Levine. Used by permission. All rights reserved.

"Triste historia del Sol con un final feliz" from TRISTE HISTORIA DEL SOL CON UN FINAL FELIZ. Text and illustrations by Elena Climent. All rights reserved. Copyright © 1987 Editorial Trillas, S. A. de C. V. Reprinted by permission of the publisher.

"Se necisita todo un pueblo" from SE NECISITA TODO UN PUEBLO by Jane Cowen-Fletcher. Originally published as IT TAKES A VILLAGE. Copyright © 1994 by Jane Cowen-Fletcher. Spanish translation copyright © 1994 by Scholastic Inc. All rights reserved. Reprinted by permission.

"Ayudando a los vecinos" from AYUDANDO A LOS VECINOS. Copyright © 1993 by Scholastic Inc. Originally published as a supplement to Scholastic News, November 1993. Used by permission. All rights reserved.

Photography and Illustration Credits